AF267330

LES

ÉGLISES MONOLITHES

DE

LA VILLE DE LALIBÉLA (ABYSSINIE)

LES
ÉGLISES MONOLITHES

DE

LA VILLE DE LALIBÉLA (ABYSSINIE)

PAR

ACHILLE RAFFRAY

VICE-CONSUL DE FRANCE

PARIS

Ve A. MOREL ET Cie, LIBRAIRES-ÉDITEURS

13, RUE BONAPARTE, 13

1882

ÉGLISES MONOLITHES

DE

LA VILLE DE LALIBÉLA (ABYSSINIE)

PAR

ACHILLE RAFFRAY

VICE-CONSUL DE FRANCE

Lors de mon premier voyage en Abyssinie, en 1873-1874, j'avais trouvé, près de la ville de Sokota, une église monolithe qui a été décrite et figurée dans les *Archives des Missions scientifiques* (3ᵉ série, t. IV), et j'avais appris des indigènes qu'il existait un grand nombre de ces églises dans la ville de Lalibéla, capitale de la province du Lasta; mais il m'avait été impossible de les visiter alors. Dans mon dernier voyage, j'ai été plus heureux.

J'obtins du Roi la permission de visiter Lalibéla et ses églises. Lalibéla est placée en dehors des routes généralement parcourues, soit par les Européens, soit même par les marchands abyssins, ce qui se comprend facilement, car Lalibéla est une ville religieuse et le centre d'un des plus grands fiefs du clergé. Elle est située par environ 36° 45' 30" long. or., 12° 5' 30" lat. nord, sur le flanc méridional du mont Abouna-Yousef, à une altitude de 2,463 mètres. Le pays est très accidenté et coupé de ruisseaux qui vont rejoindre les vallées du Katchenawa et du Séménio, tous les deux affluents du haut Taccazé.

Lalibéla, dont la population peut être évaluée à 3,000 habitants, dont beaucoup sont des étrangers qui viennent prier dans les sanctuaires vénérés et demander des guérisons miraculeuses, est gouvernée par un moine, le Memer-Mender.

Les églises qu'elle renferme sont au nombre de dix, et cependant le voyageur, en arrivant à Lalibéla, est tout étonné de n'apercevoir, au milieu des huttes qui forment toute ville abyssinienne, aucun monument digne d'attention. Mais, s'il parcourt la ville, il ne tarde pas à rencontrer de vastes tranchées longues et sinueuses qui le conduisent au pied de ces églises.

C'est qu'en effet, ces monuments sont partie intégrante de la montagne. L'architecte a fait creuser des carrières à ciel ouvert au milieu desquelles il a laissé un bloc qui ne tient plus à la montagne que par sa base; puis ce bloc a été travaillé extérieurement jusqu'à simuler des murailles. Enfin on a fouillé l'intérieur, ménageant des colonnes, des pleins cintres pour soutenir le plafond, et on a, en dernier lieu, percé des fenêtres pour y laisser parvenir l'air et la lumière. On a ainsi des églises qui sont monolithes dans toute l'acception du terme.

Ces dix églises, chacune d'une construction différente, sont réparties en trois groupes, l'un de cinq, l'autre de quatre, le dernier d'une seule église.

Le premier groupe comprend les églises de :

Médani-Allemm	(le Sauveur-du-Monde).
Biet-Mariam	(la Maison-de-Marie).
Meskal	(la Croix).
Denaghel	(les Vierges).
Golgotha-Koudous-Mikael	(Golgotha et St-Michel).

Le deuxième groupe comprend les églises de :

Hammanuel	(Emmanuel).
Mercurios	(Mercure).
Abba-Libanos	(Abbé-Libanos).
Gabriel	(Gabriel).

Le troisième groupe comprend l'église de :

Ghorghis	(Georges).

Toutes ces églises sont orientées vers l'est.

Médani-Allemm. — Cette église, qui est la plus grande et une des plus belles, est de forme rectangulaire. Elle est entourée extérieurement d'une colonnade qui supporte un avancement de la terrasse. L'ouverture principale est sur la façade ouest; elle est précédée d'une plate-forme à laquelle on arrive par quelques degrés. La terrasse n'est pas absolument plate, mais légèrement en forme de toit, de sorte que les deux façades occidentale et orientale présentent des frontons qui rappellent d'autant plus ceux des temples grecs qu'ils sont ornementés de la colonnade dont je viens de parler.

A l'intérieur, l'église est divisée en cinq nefs et huit travées formées par des colonnes rectangulaires ornées de chapiteaux et reliées entre elles par des pleins cintres qui encadrent des plafonds carrés et plats. A l'extrémité de chaque travée se trouve une croisée composée de deux parties très distinctes. La partie inférieure de la croisée comprend une croix dont les deux bras longitudinaux sont égaux et plus grands que les horizontaux; elle est flanquée de chaque côté de quatre petites ouvertures rectangulaires. La partie supérieure se compose de dix petites ouvertures circulaires disposées, une en haut, et trois rangées de trois, entre lesquelles se trouvent quatre étoiles.

La partie la plus élevée de la croisée est percée d'un groupe de très petites ouvertures composé d'étoiles et de croix grecques alternant sur cinq rangs horizontaux. Ces dernières ouvertures ont été, dans l'origine, fermées par des verres de couleur dont on voit encore quelques vestiges.

La première travée est séparée du reste de l'église par une muraille, et forme comme une espèce de vestibule. Les voûtes de la septième travée sont également réunies par une muraille, les septième et huitième travées formant le chœur de l'église. L'excavation dans laquelle est située cette église a 43 mètres de longueur, 38 de largeur et 10 mètres de profondeur. Les dimensions extérieures de l'église mesurées à la colonnade, sont : longueur, 33 mètres 50; largeur, 23 mètres 50. Les dimensions intérieures sont : longueur, 26 mètres; largeur, 19 mètres 50. La plus grande épaisseur des murs est de 2 mètres 08. Cette église est intérieurement dans un parfait état de conservation, mais à l'extérieur la colonnade qui l'entourait était trop fragile pour résister aux injures du temps et des hommes. Aussi la colonnade n'est-elle plus entièrement intacte que sur le fronton oriental.

De l'excavation dans laquelle est taillée Médani-Allemm, on passe par une petite voûte de quelques mètres dans une seconde cour trapézoïdale où se trouvent les églises de Biet-Mariam, Meskal et Denaghel. Cette cour mesure : côté nord, 36 mètres; côté est, 37 mètres 50; côté ouest, 21 mètres; côté sud, 36 mètres 50.

Église de Biet-Mariam. — L'église de Biet-Mariam est également rectangulaire; ses dimensions sont : longueur, 15 mètres; largeur 11 mètres. Elle a trois portes : au nord, au sud et à l'ouest, s'ouvrant toutes les trois dans des auvents également monolithes à l'origine, mais qui, ayant été détériorés par le temps ou par les hommes, ont été plus ou moins réparés en maçonnerie et recouverts de toiture en chaume.

L'extérieur de l'église n'offre rien de remarquable comme sculpture, sauf sur le pignon ouest où se trouve gravé plutôt que sculpté un bas-relief en partie détruit et représentant saint Georges.

L'intérieur de l'église est disposé comme celui de Médani-Allemm, avec des voûtes, des pleins cintres, des plafonds. On y remarque cependant une chose qui n'existe dans aucune autre des églises, c'est une galerie semi-circulaire au premier étage et creusée dans l'épaisseur de la muraille. On y monte à l'extrémité d'une des nefs, non pas par un escalier, mais par des saillies ménagées le long des colonnes. Cette galerie ou tribune s'ouvre dans l'église par une croisée, d'où, suivant la tradition, le négous Lalibéla assistait aux offices. Mais cette église, d'apparence modeste extérieurement, est celle dont l'architecte a le plus soigné la décoration intérieure. Toutes les voûtes et les chapiteaux sont sculptés et peints. Plusieurs des colonnes offrent également des sculptures; les plafonds sont divisés en quatre caissons peints à fresques. Les dessins que j'ai rapportés donneront, de cette ornementation, une idée bien plus exacte que la description la plus minutieuse.

Les fenêtres sont également très ornementées et de forme bizarre; elles sont représentées dans les planches qui accompagnent ce texte.

Dans la même cour, au nord, se trouve l'église de Meskal, qui est une grotte de 19 mètres de long sur 7 mètres de large. Elle est ornée de deux portes et d'une fenêtre. Toujours dans la même cour, se trouve une troisième église, partie en grotte et partie extérieure de 5 mètres sur toutes ses faces. C'est la chapelle de Denaghel. Elle n'est remarquable que par un dôme intérieur au-dessus de l'autel. Dans la cour se trouvent trois piscines ou baptistères, dont l'un est carré et les deux autres en forme de croix grecque. Enfin, de la cour de Biet-Mariam, on passe par une porte jumelle dans un vaste couloir qui forme la terrasse de l'église du Golgotha, creusée exactement au-dessous du sol de la cour de Biet-Mariam.

Golgotha n'est pas complètement détaché du rocher auquel il tient par la moitié du côté est. Son plus grand côté à l'ouest a 25 mètres, le côté sud en a 11, et le côté est a 9 mètres 50. Le niveau de son sol est à 6 mètres au-dessous de celui de Biet-Mariam et à 10 mètres 50 au-dessous du sommet du rocher. L'église du Golgotha est divisée en deux parties formant deux églises séparées : celle de Koudous-Mikael au sud, et celle du Golgotha au nord. La construction intérieure est toujours la même. Dans l'église du Golgotha, les travées se terminent à chaque muraille par une niche dans laquelle on voit, sculptée en bas-relief, la statue d'un saint plus grand que nature. L'une de ces niches, garnie d'une balustrade en fer forgé, simule le tombeau du Christ avec une statue couchée, la tête reposant sur une croix grecque et les bras repliés sur la poitrine. Cette église contient encore un caveau dont l'ouverture est scellée et où a été enterré le negous Lalibéla. Les fenêtres de l'église de Golgotha et de Koudous-Mikael affectent trois formes principales : 1° en croix plus ou moins ornementée ; 2° en ogive avec chapiteaux ; 3° en plein cintre avec chapiteaux et colonnettes.

A l'angle du Golgotha, on rencontre une petite chapelle abandonnée, en forme de grotte, et nommée Adrioth. Des communications souterraines relient Médani-Allemm à Biet-Mariam, Koudous-Mikael et Golgotha. Ces cinq églises forment le premier groupe. Elles communiquent avec celles du second groupe, qui en est assez éloigné, par une tranchée à ciel ouvert aboutissant à un torrent canalisé, le Jordanos (Jourdain), dans lequel s'ouvre un souterrain, aujourd'hui abandonné, qui vient déboucher dans une des tranchées du second groupe. Ce second groupe, qui comprend les églises d'Hammanuel, Mercurios, Abba-Libanos et Gabriel, est de construction bien plus irrégulière. Les tranchées y sont beaucoup plus grandes, plus sinueuses. Les parties en grottes et les communications souterraines y sont nombreuses et entrelacées. Au nord, et le long d'une vaste tranchée, on remarque un assez grand nombre de petites excavations qui, suivant la tradition, servaient de demeures aux ouvriers.

La plus belle des églises de ce groupe est celle d'Hammanuel. Cette église est rectangulaire, au milieu d'une cour de même forme.

La cour a 30 mètres de long sur 24 de large et 11 m. 50 de profondeur. L'église a 17 m. 50 de long et 11 m. 50 de large. Il y a, dans la cour, un petit baptistère en forme de croix grecque. Cette église est celle qui, extérieurement, offre la plus belle architecture. Elle est construite sur une espèce de soubassement en gradins. Les grandes façades ont quinze ouvertures, dont une porte, en trois étages. Les fenêtres du rez-de-chaussée sont en forme de croix, celles du premier étage en plein cintre avec chapiteaux, et celles du second sont carrées. Entre chaque croisée se trouve une colonne et plusieurs moulures plates. La cour au milieu de laquelle est construit Hammanuel n'a d'autre issue sur les tranchées qu'une voûte basse et étroite.

La seconde église, Mercurios, est une grotte, ou plutôt un hangar soutenu par huit colonnes, et ouvert sur une cour longitudinale de forme irrégulière. Sa longueur est de 31 mètres, sa largeur de 25, et sa profondeur de 6 et 8 mètres.

Cette église est ornée d'un grand nombre de peintures qui ne sont protégées des intempéries que par des tentures.

La troisième église, Abba-Libanos, tient à la montagne par le haut et par le bas. Un tunnel semi-circulaire permet d'en faire le tour. Elle a une façade sur une vaste tranchée, et sa forme est rectangulaire ; sa longueur est de 9 mètres, sa largeur de 7, et la profondeur de la cour est de 12 mètres. La hauteur du tunnel circulaire est de 7 mètres. La façade qui donne sur la tranchée a une porte flanquée de deux fenêtres en croix, que surmontent deux autres fenêtres en ogive. Elle présente encore quatre colonnes plates, au-dessus desquelles se trouvent quatre ouvertures primitivement en plein cintre, mais aujourd'hui très frustes.

Sur une des façades latérales, dans le tunnel, on voit, incrusté dans le roc, le portrait du negous Lalibéla, couronne en tête. Le portrait de sa femme était à côté du sien, mais il n'en reste plus que quelques vestiges indéchiffrables.

Gabriel enfin est entourée, au nord et au sud, par deux cours isolées. Pour y arriver, on gravit d'abord un plan incliné formé par une épaisse muraille de rochers. Quelques troncs d'arbres jetés au-dessus d'une tranchée forment un pont qui donne accès dans une succession de cryptes dont les ouvertures font face à l'église. (C'est de l'une de ces cryptes que j'ai dessiné l'église de Gabriel.) De la dernière crypte, on communique à l'église par un pont également formé de troncs d'arbres, mais beaucoup plus long que le premier.

L'église a 19 m. 50 de long, et 17 m. 50 dans sa plus grande largeur. La cour du sud a 9 mètres de profondeur, et la cour du nord, sur laquelle se trouve la façade de l'église, a 15 mètres de profondeur. L'église a deux portes, ouvrant chacune sur une plate-forme qu'on a voulu construire à l'instar du prétoire de Jérusalem. La façade est ornée de cinq grandes niches en forme d'ogive un peu écrasée. Ces niches sont séparées entre elles par une colonne plate. Dans les deux niches extrêmes se trouvent les portes, et dans chacune de celles du milieu s'ouvre une fenêtre ogivale avec chapiteau. Ce groupe d'église communique vers le sud par un long souterrain aujourd'hui condamné avec le lit du torrent le Jordanos. A cet endroit on rencontre dans le torrent une grande croix latine monolithe. Cette croix servait à indiquer l'entrée des souterrains, car presque en face, dans l'autre berge, on trouve l'entrée d'un autre souterrain qui, s'il n'était comblé, nous conduirait à l'église de Ghorghis, isolée et formant le troisième groupe.

Ghorghis est construit en forme de croix grecque, au milieu d'une cour rectangulaire, dont les dimensions sont : longueur, 23 mètres ; largeur, 22, et profondeur, 12. Les deux grands diamètres de l'église ont 12 m. 50 et 11 m. 90.

Elle est dressée sur une sorte de piédestal, elle a trois portes à chacune de ses façades ouest. Elle est partagée dans le sens de sa hauteur par des moulures qui simulent des étages. Chacune de ses neuf façades est ornée d'une croisée ogivale avec chapiteaux et colonettes surmontées d'une palme et d'une croix grecque. L'intérieur est décoré de colonnes et de pleins cintres.

A l'ouest de la cour se trouvent des cryptes et un couloir qui aboutit à un petit torrent dont le lit a été détourné et profondément canalisé.

Pour décrire minutieusement ces églises, il faudrait un volume et des connaissances spéciales d'architecture, qui me font malheureusement défaut. Mais ce texte est accompagné de dessins que j'ai pris sur les lieux même, et qui représentent non seulement chaque église dans son ensemble, mais encore un type de toutes les différentes architectures et ornementations qu'on y remarque.

N'ayant pas le loisir de séjourner à Lalibéla aussi longtemps que je l'eusse désiré, mon compagnon de voyage, M. Herbin, a bien voulu me prêter son concours, et, pendant que je dessinais ces monuments, il a pris leurs dimensions, et a dressé le plan général et les coupes qui sont jointes à ce travail, et qui en faciliteront grandement l'intelligence.

Je me suis préoccupé aussi de recueillir tous les documents verbaux ou écrits qu'on a pu me fournir sur la construction et l'édification de ces monuments.

Il existe d'abord, dans l'église de Médani-Allemm, un manuscrit en langue ghèze, dont j'ai offert en vain au propriétaire un prix très élevé, et dont j'ai dû me borner à faire copier certains passages, qui ont été traduits ensuite par M. Duflos, missionnaire lazariste en Abyssinie.

Voici la traduction de quelques-uns de ces passages :

« Lalibéla passa trois jours et trois nuits en extase (mot à mot : dans la substance de son âme). L'ange du Seigneur lui révéla le secret des cieux. De par la volonté de Dieu, lève-toi, lui dit-il, va, bâtis des églises où les pécheurs trouveront le salut. Il se leva, régna, et bâtit comme l'ange du Seigneur lui avait montré. Dans une pierre, il fit d'abord Biété-Mariam (Maison de Marie), ensuite Débré-Sina (Temple du Sinaï en l'honneur de la sainte Vierge), et le Golgotha à sa droite, Biété-Meskel (Maison de la Croix), à sa gauche, Biété-Médhanie-Alem (Maison du Sauveur du monde), Biété-Dénaguel (Maison des Vierges), les murs et les colonnes sont en pierres. Il bâtit encore Biété-Gabriel, et ensuite Biété-Abba-Libanos. Elles sont entourées du même mur (mot à mot : leur mur est un.)

« Il construisit encore Biété-Merkorios (Saint-Mercure), et ensuite Biété-Amanouel (Emmanuel), et les entoura d'un mur. Il bâtit à l'écart une église en forme de croix, celle de Biété-Guiorguis. Il ne fit rien sans se conformer au plan que le Seigneur lui avait montré.

« Pour sauver les pécheurs de la perdition, le Sauveur du monde fit à Lalibéla les promesses suivantes : Celui qui viendra en pèlerinage à ton sanctuaire méritera autant que celui qui aura fait un pèlerinage à mon tombeau. Celui qui vénérera l'endroit où ton corps sera enterré méritera autant que celui qui vénérera l'endroit où a été enterré mon corps. Celui qui fera ton Teskar dans les douze mois (de l'année) méritera autant que celui qui fait le Teskar de ma Résurrection et de mon Incarnation. Celui qui fera manger du grain (pain) à celui qui a faim et boire de l'eau à celui qui a soif, moi je lui donnerai le pain et l'eau de la vie, et celui qui aura confiance dans tes prières et qui écrira l'histoire de ta vie, moi j'écrirai son nom sur la colonne de la lumière. Celui qui réfléchissant, se dira : J'irai en pèlerinage à ton tombeau ; s'il vient à mourir dans ce désir, il me sera aussi agréable que s'il était enterré dans mon propre tombeau. » (Entre beaucoup de promesses, nous avons choisi celles-ci de préférence.)

« Guerma-Sioum donna le jour à Imerehané-Christos pour qui, chaque jour, le pain et le vin descendirent du ciel pendant trente ans, et il régna quarante ans, et vécut quatre-vingts ans. Zan-Sioum enfanta Guébré-Mariam et Lalibéla. Guébré-Mariam régna trente-deux ans, et Lalibéla quarante ans. Sa nourriture était le Zengada et trois bouchées de *ouèt*, il n'alla jamais jusqu'à quatre. Dès l'âge de sept ans, il savait parfaitement lire. Dix ans après son avènement au trône, il construisit onze églises. Il en faisait une coudée par jour, et les anges lui en faisaient quatre coudées par nuit. Il parvint à l'âge de soixante-dix ans, et termina ses constructions en vingt-trois ans. »

« Guébré-Mariam donna le jour à Néacouéto-Lé-Ab qui adora son créateur dès le sein de sa mère, le loua avec les séraphins, parvint à l'âge de soixante-dix ans, et nous fut dérobé comme Hénoch et Héli. Il se nourrissait de terre le dimanche. Il ne mangea pas de grain. Lalibéla était le père, dans le Saint-Esprit, de Néacouéto-Lé-Ab. »

« Les pères de Zan-Sioum et de Guerma-Sioum étaient de la race de Juda, et leurs mères de celle de Lévi. »

« Les quatre saints Imerehané, Guébré-Mariam, Lalibéla et Néacouéto-Lé-Ab faisaient beaucoup de mortifications, de jeûnes et de prières. Rien ne manqua au travail de Lalibéla. Il eut compassion du pauvre. Que son fils soit béni ! »

« Néacouéto-Lé-Ab régna quarante-huit ans. »

« Guébré-Mariam régna qurante-deux ans. »

« L'écrivain de l'histoire Lalibéla est Méri-Guiéta, Guébré-Néïouét du Ouérouèr. »

Dans le même manuscrit se trouve une page écrite en grec, en ghèze et en arabe, c'est l'acte par lequel le negous Lalibéla a fait donation aux moines des églises, de la ville et d'un territoire assez vaste qui, du reste, leur appartient encore. C'est un des nombreux fiefs religieux que l'on rencontre en Abyssinie.

A côté de ces documents manuscrits, il existe une tradition qui, au milieu de beaucoup de légendes, fournit des renseignements assez précis, et qui permettent de supposer l'époque à laquelle auraient été élevés ces monuments.

L'Abyssinie, comme on le sait, fut christianisée par saint Frumence, vers le commencement du quatrième siècle. Or, Lalibéla, d'après la tradition, aurait été le cinquième negous chrétien, et le troisième qui eût trôné à Lalibéla.

Les deux premiers, Arbaha-Tsabaha et Hashé-Kaleb, avaient régné à Axum. Le troisième, Imerehané-Christos, transporta sa capitale à Lalibéla et régna quarante ans; son successeur, Guébra-Mariam resta trente-deux ans sur le trône à Lalibéla. Après lui vint enfin Lalibéla-Ghorghis, qui régna quarante ans et fit construire les églises. On pourrait donc supposer que Lalibéla régnait vers le commencement du cinquième siècle, mais des personnes compétentes affirment que le négous Lalibéla régnait au douzième siècle et que, d'ailleurs, l'architecture et l'ornementation de ces églises témoignent de l'authenticité de cette dernière date.

C'est un sujet qu'il ne m'appartient pas de discuter. J'ai rencontré sur ma route (non pas fortuitement, mais après les avoir cherchés) des monuments curieux, j'en ai rapporté les dessins, les descriptions et les renseignements verbaux et écrits que j'ai pu recueillir sur les lieux; je les livre aujourd'hui au public sans commentaire, sans appréciations, laissant aux savants qui ont approfondi des questions analogues, le soin d'en tirer les déductions et conclusions qu'ils jugeront certaines.

Quant à l'architecte des églises, le manuscrit assure que ce fut Dieu lui-même, mais la tradition ajoute que le négous Lalibéla et sa femme Meskal-Kebra firent venir d'Alexandrie (Égypte) et de Jérusalem environ cinq cents ouvriers qu'on désigne encore sous la dénomination d'Européens, ayant à leur tête un nommé Sidi-Meskal. La dénomination de Sidi, exclusivement arabe et inconnue en Abyssinie, indique suffisamment d'ailleurs l'origine de ce personnage. Sidi-Meskal fut donc bien réellement le directeur de ce travail extraordinaire qui ne fut pas l'œuvre des Abyssins, mais d'ouvriers venus d'Égypte et de Syrie.

Vingt-trois ans dit le manuscrit, vingt-huit dit la tradition, suffirent à achever cette œuvre. Sidi-Meskal en fut encore l'historien et c'est peut-être à cela que l'on doit de trouver dans le manuscrit cet acte de donation écrit en trois langues : le ghèze, que l'auteur avait sans doute appris dans le pays; l'arabe et le grec qu'il avait importés de sa patrie. Sidi-Meskal, du reste, a eu l'honneur d'être enseveli dans son œuvre; il repose sous le dallage de Médani-Allemm. On voit encore sur un mamelon, au milieu de la ville de Lalibéla, des amas de pierres qui ne seraient, paraît-il, que les ruines d'un palais habité par le négous, et on assure que des communications souterraines, aujourd'hui complètement disparues, le reliaient aux différentes églises. Ces églises sont taillées dans une roche rouge assez friable, qui ressemble à un grès à gros grains.

L'instrument dont on s'est servi a dû être le pic; on en voit partout des traces, comme les hachures du crayon dans un dessin; nulle part on ne constate le poli qu'on aurait obtenu avec le ciseau.

J'ai cru retrouver dans les dimensions de ces édifices les multiples et sous-multiples d'une unité de mesure qui aurait été de 54 centimètres; ce qui semble d'autant plus probable, qu'elle correspond à peu près à la mesure encore aujourd'hui en usage, le *pik* et le *drah*, qui ne sont autres eux-mêmes que la coudée.

L'état de conservation de ces églises est généralement parfait à l'intérieur; il n'en est pas toujours de même à l'extérieur. Les délicates colonnes qui entouraient Médani-Allemm et le fronton qu'elles supportaient, ont été en grande partie brisés. La façade d'Hammanuel a également beaucoup souffert. Il n'y a là rien d'extraordinaire; on s'étonne seulement de les retrouver aussi intactes, car à une époque beaucoup plus récente, lorsque l'Abyssinie chrétienne faillit succomber sous l'invasion musulmane, le sultan Mohammed Gragne, pour effacer toute trace du christianisme, fit ensevelir toutes ces églises sous des décombres et ce ne fut que longtemps après, lorsque les Abyssins eurent, avec l'aide des Portugais, chassé de leur pays le dernier

musulman, qu'ils déblayèrent ces églises et les rendirent au culte qu'on y célèbre encore.

Il y a, en Abyssinie et surtout autour de Lalibéla et dans les provinces avoisinantes, nombre d'autres églises monolithes. J'en ai visité plusieurs à Sokota, à Belbéla-Ghorghis; mais elles datent, paraît-il, d'une époque bien plus récente. Ce ne sont que de pâles et informes copies faites par les Abyssins d'après les églises de Lalibéla.

Les indigènes m'ont assuré qu'il existe près de deux cents églises du même genre et celle qui, à ma connaissance, est la plus rapprochée du littoral, est située sur les frontières orientales de l'Haramat, un peu au nord de la ville d'Agula.

Toutes sont, paraît-il, à peu près dans le même style et dans aucune, au moins de celles que j'ai visitées, il n'existe d'inscription.

Il est à noter aussi que toutes ces églises sont encore aujourd'hui livrées au culte et que celles de Lalibéla surtout sont, de la part des indigènes, l'objet d'une grande vénération.

LE NÉGOUS LALIBÉLA
(Portrait gravé sur le mur intérieur de l'église d'Abba-Libanos.)

TABLE

ET

LÉGENDES DES PLANCHES

c'. Cour devant l'église de Mercurios.

E^8. Église de Mercurios (grotte dont la voûte est soutenue par huit colonnes; hauteur du plafond, 6 et 8 mètres, long. 31 mètres, larg. 25 mètres).

G. Grottes ou cryptes ouvrant sur la cour *c'*.

H. Piscine ou baptistère.

6. Église d'Abba-Libanos et dépendances.

c''. Cour devant l'église d'Abba-Libanos (prof. 12 mètres).

E^9. Église d'Abba-Libanos (rectangle tenant au rocher par le plafond, isolé dans son pourtour par une galerie circulaire; long. 9 mètres, larg. 7 mètres).

G'. Galerie voûtée circulaire (hauteur 7 mètres).

G. Cryptes.

7. Église de Gabriel et dépendances.

E^{10}. Église de Gabriel (long. 19 m. 50, plus grande largeur 17 m. 50).

cs. Cour du sud derrière l'église (prof. 9 mètres).

cn. Cour du nord devant la façade de l'église (prof. 15 mètres).

O. Muraille en rocher, en plan incliné, conduisant à un pont.

P. Pont formé d'un tronc d'arbre conduisant, au-dessus d'une tranchée, de la muraille O à la crypte G'.

G'. Crypte communiquant avec les cryptes G''.

G''. Cryptes ayant des ouvertures sur la cour du nord, en face de l'église de Gabriel.

P'. Pont formé de troncs d'arbres conduisant, au-dessus de la cour, des cryptes à l'église.

R. Prétoires et plates-formes.

H. Piscines ou baptistères.

K. Souterrains faisant communiquer les églises entre elles.

III. — TROISIÈME GROUPE.

8. Église de Ghorghis et dépendances.

C. Tranchées donnant accès à l'église.

c. Cour rectangulaire entourant l'église (long. 23 mètres, larg. 22 mètres, prof. 12 mètres).

E^{11}. Église de Ghorghis.

 Grand diamètre de l'est à l'ouest, 12 m. 50.

 Petit diamètre du nord au sud, 11 m. 90.

G. Cryptes (plusieurs renferment des sépultures).

D^4. Passages voûtés donnant accès des tranchées à la cour de l'église.

H. Piscine ou baptistère.

K *a*. Souterrain de grande communication.

K'. Petit bâtiment où aboutit l'entrée du souterrain.

T'. Torrent le Ghorghis détourné et canalisé.

IV. — COUPE SUIVANT A, B.

Y. Montagne.

a. Cour de Médani-Allem.

E. Église de Médani-Allem.

E^1. Église de Biet-Mariam.

E^4. Église de Koudous-Mikael.

d. Cour de Biet-Mariam.

c'. Tranchée formant terrasse au-dessus de Koudous-Mikael.

D^1. Passage voûté reliant les cours de Médani-Allem et de Biet-Mariam.

K. Souterrains faisant communiquer les églises.

V. — COUPE SUIVANT N, M.

E^7. Église d'Hammanuel.

E^8. Église de Mercurios.

E^9. Église d'Abba-Libanos.

c. Cour de l'église d'Hammanuel.

c'. Cour de l'église de Mercurios.

c''. Cour de l'église d'Abba-Libanos.

G. Grottes et cryptes.

C. Tranchées.

K. Souterrains faisant communiquer les églises entre elles.

G'. Galerie circulaire entourant l'église d'Abba-Libanos.

Y. Montagne.

VI. — CAMPEMENT DE M. RAFFRAY.

K*a*. Souterrains de grande communication en majeure partie comblés et faisant communiquer entre eux les différents groupes d'églises.

T. Torrent le Jordanos canalisé.

X. Croix en pierre taillée dans le roc, au milieu du lit du torrent le Jordanos, et indiquant les entrées des souterrains K*a*, qui étaient pratiquées dans les berges du torrent.

— — — — —

PL. III

Plan de l'église de Médani-Allem.

A. Autel ou Tabot.

B. Pièces servant de sacristies.

C. Portes des sacristies.

D. Grande porte voûtée et escalier donnant accès de l'église dans le sanctuaire.

E. Tombeau de Sidi-Meskal et de deux de ses principaux compagnons.

F. Pierre sur laquelle, suivant la tradition, le négous Lalibéla fut baptisé par le Christ lui-même.

G. Vestibule.

H. Pièce où se trouve un escalier conduisant à un réduit.

J. Pièce où se trouve l'ouverture de la communication souterraine des églises entre elles.

K. Tombeaux.

L. Portes d'entrée.

M. Colonnade extérieure.

Pl. IV

Église de Médani-Allem.

Vue prise de l'angle sud-est de la cour. — A gauche, ouverture d'une des tranchées de communication.

Pl. V

Intérieur et croisées de Médani-Allem.

A la partie supérieure, la muraille a été considérablement amincie et toutes les petites ouvertures donnent dans une seule baie extérieure (voir pl. IV). C'est comme un vitrail découpé dans la pierre.

Pl. VI

Églises de Meskal, Biet-Mariam et Denaghel.

A gauche : porte géminée conduisant de la cour à une terrasse au-dessus de Koudous-Mikael et Golgotha (pl. I-II, C'). A gauche, au fond : deux portes ouvrant dans l'église de Meskal. Au milieu : église de Biet-Mariam et deux de ses auvents couverts en chaume. A droite : porte et portion extérieure de l'église de Denaghel ; au-dessus, trou ovale servant d'ouverture à d'anciens souterrains. A droite : porte géminée donnant accès sur les tranchées extérieures.

Pl. VII

Bas-relief dans l'intérieur de l'église de Golgotha.

Bas-relief représentant Ghorghis (saint Georges). Les moulures plates entourant la niche ont été autrefois peintes en rouge et en vert, mais on ne voit plus que quelques vestiges de couleurs. A gauche, porte de communication entre les églises de Koudous-Mikael et Golgotha.

Pl. VIII

Intérieur de l'église de Biet-Mariam.

Une des travées dans laquelle s'ouvrent les portes des auvents latéraux. La tenture est un voile qui, dans toutes les églises d'Abyssinie, cache aux fidèles la vue de l'autel. Les colonnes, voûtes et chapiteaux sont ornés de sculptures et fresques (voir pl. IX-X).

Pl. IX-X

Décorations intérieures de l'église de Biet-Mariam.

A. Haut de colonne ; le relief a été peint autrefois, probablement en vert, mais la couleur est effacée.
B. Chapiteau ; les creux et les reliefs sont peints.
C. Voûte ; les reliefs seuls sont peints en couleur ou en blanc.
D. Clef de voûte ; la croix seule est en relief.
E. Voûte ; peinte avec des lignes creusées et peintes en noir.
F. Clef de voûte ; fresque sans relief ni creux.
G. Voûte ; fresque sans relief ni creux.

Pl. XI-XII

Décorations intérieures de l'église de Biet-Mariam.

Plafonds peints en fresque. — A et B. Quarts des caissons de plafonds compris entre les voussures.

Pl. XIII

Croisées.

1, 2, 3. Sur le fronton de l'église de Médani-Allem, au-dessus de l'autel. Les figures 2 et 3 sont surmontées d'une fenêtre géminée comme dans la figure 1.

4, 5, 6, 7. Différentes croisées des églises de Golgotha et Koudous-Mikael.

Pl. XIV

Croisées.

1, 2. Croisées de l'église de Meskal.
3. Ensemble de trois croisées au-dessus de l'autel dans l'église de Biet-Mariam.
4, 5, 6, 7. Croisées des côtés de l'église de Biet-Mariam.
(Toutes les croisées pl. XIII et XIV sont prises à l'extérieur.)

Pl. XV

Colonnes de l'église de Biet-Mariam.

A. Colonne dans l'intérieur de l'église.
B. Colonne dans l'un des auvents.

Pl. XVI

Église d'Hammanuel.

Les deux ouvertures (l'une en partie murée) dans la paroi du fond de la cour et la troisième dans une petite construction le long de la paroi gauche, donnent accès dans des souterrains.

Pl. XVII

Église d'Abba-Libanos.

Façade sur la cour c'' du plan général (pl. I-II). L'ouverture en partie murée, dans le rocher à gauche, donne accès dans un souterrain. La porte en bas, à gauche, dans une muraille, donne accès dans la galerie circulaire G' du plan général (pl. I-II).

Pl. XVIII

Église de Gabriel.

Façade donnant sur la cour du nord ($c\,n$) avec les deux prétoires (R). Vue de l'ouverture d'une des cryptes (G'') (voir pl. I-II).

Pl. XIX

Église de Ghorghis.

Façade avec les portes de l'église, vue du fond de la tranchée qui l'entoure. A gauche, dans la paroi de la tranchée : excavations plus ou moins murées contenant des sépultures. A droite, dans la paroi de la tranchée : rigole conduisant l'eau de la montagne à l'orifice d'une vaste citerne, qui communique aussi dans l'intérieur d'une crypte dont la porte s'ouvre au ras du sol. Dans le sol de la cour, à droite : baptistère.

Pl. XX

Église de Ghorghis.

Aspect de la terrasse de l'église et de la tranchée qui l'entoure, vue prise de la montagne.

Paris. — Typographie Paul Schmidt, 5, rue Perronet.

PLANCHES

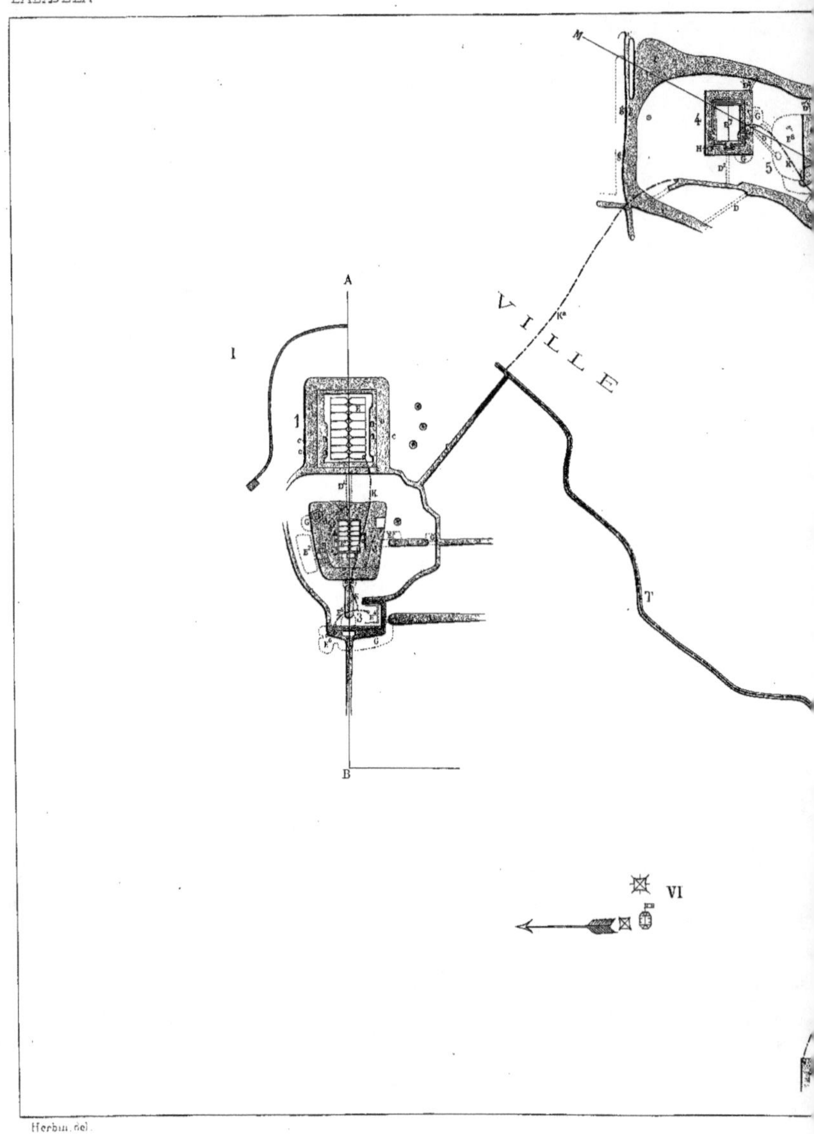

PLAN GÉNÉRAL &
dans la ville

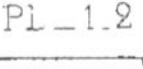

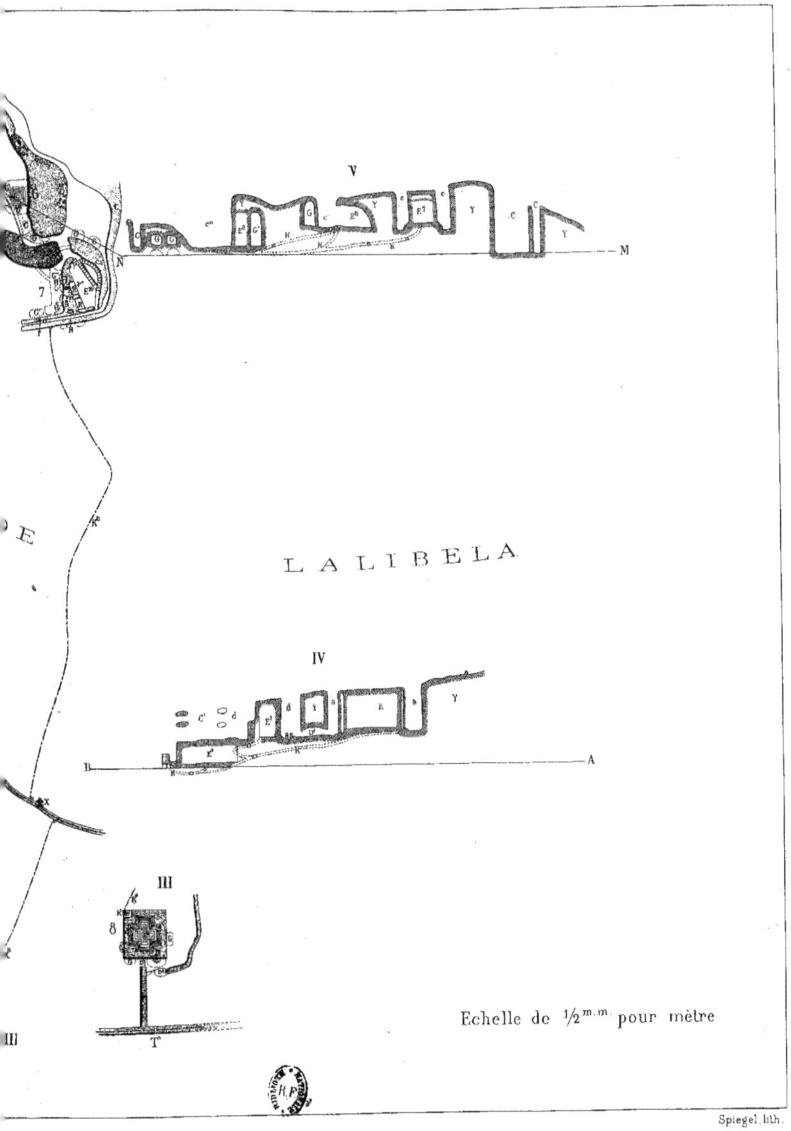

V
M
N
LALIBELA
IV
B
A
III
8
T
Echelle de ½ m.m pour mètre
Spiegel, lith.

UPE DES ÉGLISES
LALIBELA

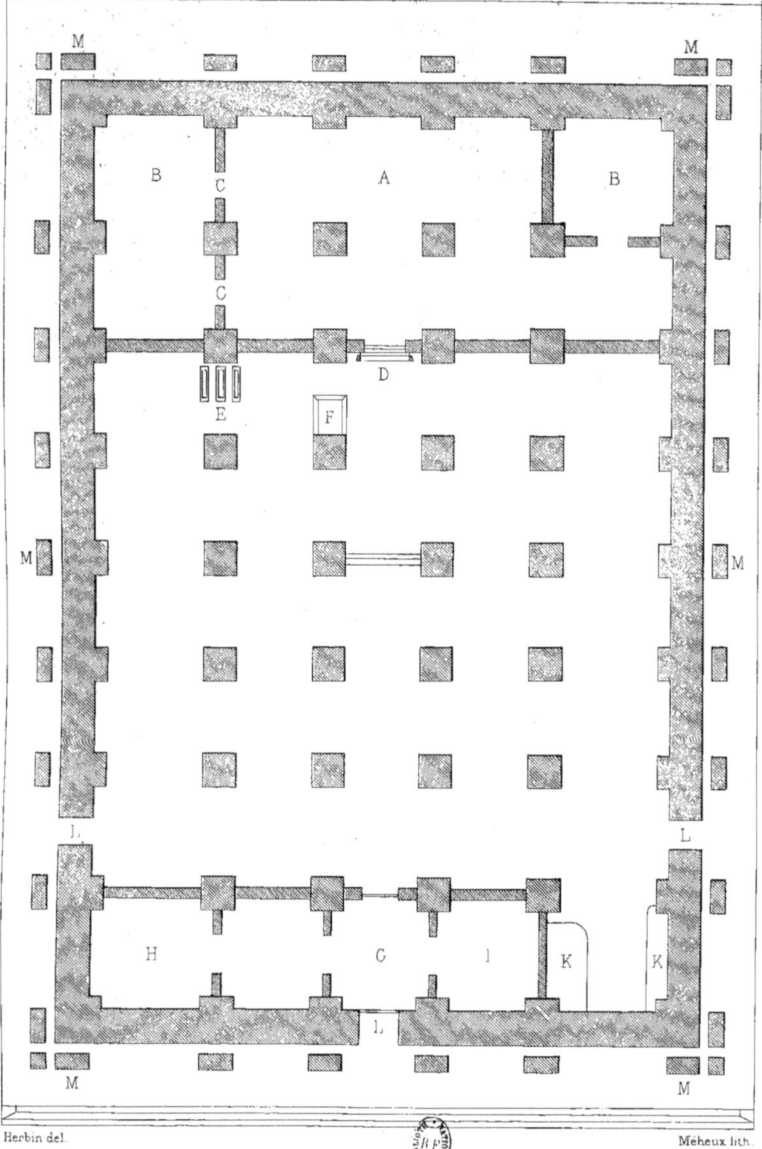

ÉGLISE DE MEDANI-ALLEM

(Plan)

Raffray del

Héliog.^{re} Lemercier et Cie

EGLISE DE MEDANI-ALLEM.

V.^e A MOREL et Cie Editeurs.

Imp. Lemercier et Cie Paris

Raffray del.

Héliog.[re] Lemercier et Cie

EGLISE DE MEDANI-ALLEM

(Intérieur et Croisées)

Ve A. MOREL et Cie Editeurs.

Imp. Lemercier et Cie Paris.

Raffray del.

Heliog.re Lemercier et Cie

EGLISES DE MESKAL, BIET-MARIAM ET DENAGHEL

Ve A. MOREL et Cie Editeurs.

Imp. Lemercier et Cie Paris

Raffray del.

Hehog.^re Lemercier et Cie

EGLISE DE GOLGOTHA

(Bas-relief à l'intérieur)

ÉGLISE DE BIET-MARIAM

(Intérieur)

ÉGLISE DE BIET-MARIAM

(Décorations Intérieures.)

Vᵛᵉ A. MOREL & Cⁱᵉ Editeurs

Imp. Lemercier & Cⁱᵉ Paris

B

A

EGLISE DE BIET-MARIAM

(Décorations Intérieures.)

CROISÉES

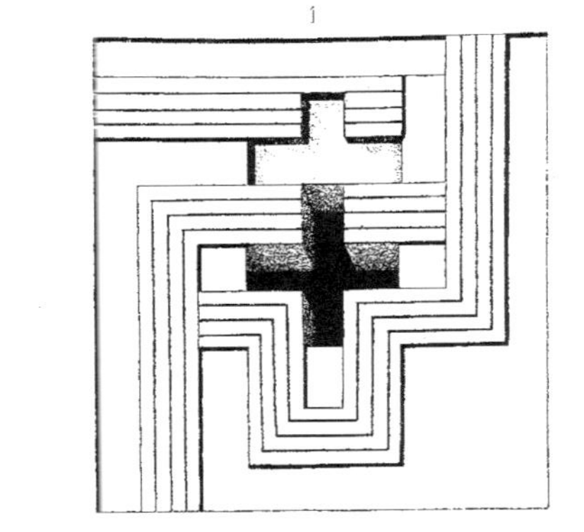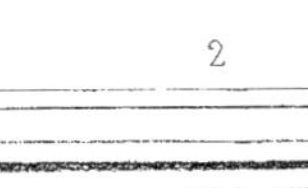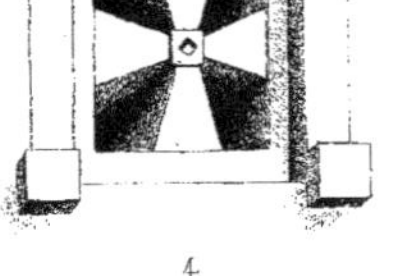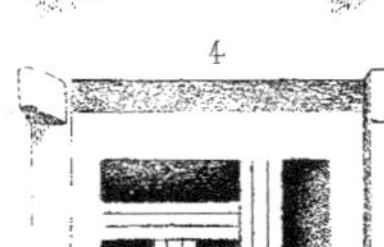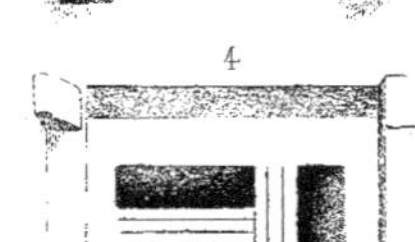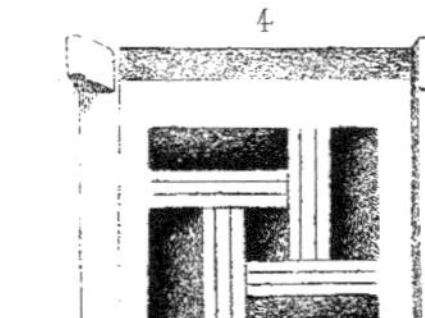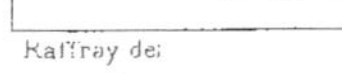

CROISÉES

Raffray del

Meteux lith

ÉGLISE DE BIET-MARIAM

(Colonnes)

Vve A MOREL & Cie Editeurs

Imp Lemercier & Cie Paris

Raffray del.

Héliog.^{ie} Lemercier et Cie

ECLISE D'HAMMANUEL

Vve A. MOREL et Cie Editeurs.

Imp. Lemercier et Cie Paris

Raffray del.

Héliog.re Lemercier et Cie

EGLISE D'ABBA-LIBANOS

Ve A. MOREL et Cie Editeurs.

Imp. Lemercier et Cie Paris.

Raffray del.

Héliog.ᵉ Lemercier et Cⁱᵉ

EGLISE DE GABRIEL

Vue de l'intérieure d'une Crypte.

Vᵉ A. MOREL et Cⁱᵉ Editeurs.

imp. Lemercier et Cⁱᵉ Paris

Raffray del.

Héliog.re Lemercier et Cie

EGLISE DE GHORGHIS.

Vue prise du fond de la tranchée

Ve A. MOREL et Cie Editeurs.

Imp. Lemercier et Cie Paris.

Raffray del.

Héliog.^{re} Lemercier et Cie

EGLISE DE GHORGHIS

Vue du dessus de l'Eglise

Ve A. MOREL et Cie Editeurs

Imp. Lemercier et Cie Paris